D1617077

El arte de envejecer

Cicerón

El arte de envejecer

Un manual de sabiduría clásica
para la segunda mitad de la vida

WITHDRAWN

Título original: *How to grow old*
© Philip Freeman, 2016
Publicado por acuerdo con Princeton University Press
© de la traducción del inglés y del latín, Jacinto Pariente, 2020
© Ediciones Kōan, s.l., 2020
c/ Mar Tirrena, 5, 08912 Badalona
www.koanlibros.com • info@koanlibros.com
ISBN: 978-84-18223-11-2 • Depósito legal: B-15420-2020
Diseño de cubiertas de colección: Claudia Burbano de Lara
Maquetación: Cuqui Puig
Impresión y encuadernación: Liberdúplex
Impreso en España / *Printed in Spain*

Todos los derechos reservados.
Cualquier forma de reproducción, distribución, comunicación
pública o transformación de esta obra solo puede ser realizada
con la autorización de sus titulares, salvo excepción prevista
por la ley. Diríjase a CEDRO (Centro Español de Derechos
Reprográficos, www.cedro.org) si necesita fotocopiar
o escanear algún fragmento de esta obra.

1.ª edición, septiembre de 2020

ÍNDICE

INTRODUCCIÓN

45 a. de C. fue un mal año para Marco Tulio Cicerón.

El famoso orador y político había cumplido los sesenta y estaba solo. Se acababa de divorciar de su esposa, con la que llevaba casado treinta años, para contraer matrimonio con una mujer mucho más joven de la que no tardaría en divorciarse. La muerte de su amada hija Tulia a principios de año lo había sumido en la desesperación. Y para colmo, cuatro años antes había perdido su rol central al frente de la clase política romana cuando Julio César cruzó el Rubicón, abocando a la República a la guerra civil. Apoyar a César era impensable para Cicerón, de modo que, tras oponerse inicialmente al dictador, solo para terminar aceptando un perdón humillante, se retiró a su casa de campo, donde permanecería hasta su muerte, alejado de Roma, anciano y, desde su propio punto de vista, inútil para el mundo.

No obstante, en lugar de darse al alcohol o suicidarse, como su amigo Catón el Joven, Cicerón optó por volcarse en la escritura. De joven había estudiado con avidez la filosofía griega y deseaba dejar huella en el mundo literario, explicando las ideas que había descubierto en Platón, Aristóteles y otros grandes pensadores. Cicerón siempre sintió una inclinación natural hacia los conceptos estoicos de virtud, orden y divina providencia, y se oponía a las doctrinas del epicureísmo, que consideraba limitadas y autoindulgentes. Empezó, entonces, a escribir y en un espacio de tiempo sorprendentemente corto, trabajando desde temprano en la mañana hasta altas horas de la noche, produjo una serie de tratados sobre el gobierno, la ética, la educación, la religión, la amistad y la obligación moral.

Justo antes del asesinato de Julio César en los idus de marzo del año 44 a. de C., Cicerón concluía un breve tratado sobre la vejez titulado *De senectute*. En el mundo antiguo, tanto como en el moderno, la vida humana podía ser breve, pero es un error suponer que en la sociedad griega o romana había necesariamente poca esperanza de vida. A pesar de que en esa época la longevidad es difícil de medir y de que la mortalidad infantil era muy alta, una vez alcanzada la edad adulta, había buenas posibilidades de llegar a los sesenta, los setenta e incluso más.

Los autores griegos anteriores a Cicerón escribieron sobre la última etapa de la vida desde distintos puntos de vista. Algunos idealizaron a los ancianos como iluminados portadores de la sabiduría al estilo del Néstor homérico; otros, en cambio, los tacharon de quisquillosos, tediosos e insoportables. Las quejas de Safo por la pérdida de la juventud son quizás las más llamativas, como demuestra un fragmento recientemente descubierto:

[...] La piel que ayer fue suave está marchita.
[...] El pelo que fue negro, encanecido.
El corazón me pesa y las rodillas,
que ligeras danzaban como ciervos,
el peso de este cuerpo hoy no soportan.
Es vano lamentar estos pesares:
no puede el ser humano a la edad escapar.

Cicerón, por su parte, quería ir más allá de la mera resignación para ofrecer una imagen más amplia de la vejez. Reconociendo sus evidentes limitaciones, se esfuerza en demostrar que los últimos años de la existencia pueden ser una oportunidad para el crecimiento y la plenitud al final de una vida bien vivida. Por eso, en este diálogo ficticio el portavoz de su pensamiento será Catón el Viejo, un ciudadano prominente del siglo anterior al que siempre había admirado. En esta breve conversación con Lelio y Escipión, dos jóvenes amigos, Catón muestra que la vejez puede ser la mejor etapa de la vida para los que se esfuerzan por vivir con sabiduría. Discrepa de los críticos que la consideran una triste época de inactividad, enfermedad, pérdida de los apetitos sensuales y miedo paralizante por la cercanía de la muerte. Aunque el propio Cicerón se burla más de una vez de los ancianos en el texto, haciendo que, por ejemplo, Catón se pierda en divagaciones en la larga digresión sobre la agricultura, afirma sin ambages que la vejez es una etapa de la vida que no hay que temer sino disfrutar al máximo.

Las lecciones de este breve tratado son muchas y muy valiosas. Algunas de las más importantes son las siguientes:

1

Una buena vejez comienza en la juventud. Cicerón afirma que los valores que hacen que los últimos años de la existencia sean felices y productivos deben cultivarse desde la infancia. La moderación, la sabiduría, la claridad de pensamiento, el disfrute de la vida, son hábitos que debemos cultivar desde jóvenes, pues así no desaparecerán al envejecer. Los años no vuelven felices a los jóvenes desgraciados.

2

La vejez puede ser una etapa maravillosa de la vida.
Es posible disfrutar de la tercera edad siempre y
cuando se hayan desarrollado los adecuados recursos internos. Es cierto que mucha gente mayor es
infeliz, pero la edad no es culpable. Sus problemas
son el resultado de su falta de carácter, no del nú-
mero de años vividos.

3

La vida es una sucesión de etapas. La naturaleza ha
dispuesto la vida humana de modo que disfru-
temos de unas cosas cuando somos jóvenes y de
otras cuando somos viejos. De nada sirve aferrarse
a los placeres de la juventud cuando el momento
ha pasado. El que luche contra la naturaleza será
vencido.

4

Los ancianos tienen mucho que enseñar a los jóvenes.
Gran parte de la sabiduría genuina solo se adquie-
re por medio de la experiencia. Para los mayores es

un placer y una obligación transmitir lo aprendido a los jóvenes dispuestos a escuchar. En contrapartida, estos también tienen mucho que ofrecerles, por ejemplo, el placer de su alegre compañía.

5

Si bien la vejez no implica necesariamente una vida sedentaria, hay que aceptar ciertas limitaciones. Un anciano de ochenta años no va a ganar a un veinteañero en una carrera, pero, dentro de las restricciones que nos impone el cuerpo, aún es posible mantenerse activo físicamente. Además, son muchas las actividades que no precisan fuerza física y que un anciano puede realizar, desde el estudio o la escritura, por ejemplo, hasta aportar consejo y sabiduría a la comunidad.

6

La mente es un músculo que hay que ejercitar. Cicerón hace que el protagonista del diálogo se inicie en el estudio de la literatura griega en su vejez y haga un meticuloso examen de conciencia diario antes de irse a dormir cada noche. El ejercicio de la mente es fundamental a medida que envejecemos.

7

Los ancianos deben estar dispuestos a defenderse. O, en palabras del autor: «Solo son dignos de respeto los ancianos que se defienden a sí mismos, protegen sus derechos, no se doblegan ante nadie y gobiernan lo suyo hasta su último aliento». El final de la vida no tiene por qué ser una época de pasividad.

8

El sexo está sobrevalorado. No es que los ancianos no puedan disfrutar de los placeres físicos, pero lo cierto es que la edad aplaca la ardiente pasión de la juventud (gracias a los dioses, en palabras del propio Cicerón...). La disminución de los apetitos sensuales nos permite disfrutar de otros aspectos de la vida más satisfactorios y duraderos.

9

Cultiva tu huerto. Cicerón dedica un largo capítulo a los placeres de la agricultura. La lección que de él se extrae es muy valiosa: encontrar una actividad que proporcione gozo verdadero es fundamental para la felicidad de los ancianos. Sin duda, la poda y el estercolado no apasionan a todo el mundo. Sin embargo, hay que descubrir y practicar algo que nos dé placer.

10

No debemos temer a la muerte. Para Cicerón, la muerte marca o el fin de la conciencia humana o el principio de la vida eterna. Sea o no verdad, la vida es como una obra de teatro. Un buen actor sabe cuándo abandonar la escena. Aferrarse desesperadamente a una vida que se acerca a su fin es tan inútil como insensato.

Desde la Edad Media, son muchos quienes han encontrado inspiración y deleite en este breve tratado. Montaigne afirmó que Cicerón le había dado deseo de envejecer. John Adams, uno de los padres fundadores de Estados Unidos, se complacía releyendo el diálogo con frecuencia durante sus últimos años y Benjamin Franklin quedó tan impresionado por la obra que editó una traducción en Philadelphia en 1744, lo que la convierte en una de las primeras obras clásicas publicadas en Estados Unidos. El mundo de hoy, obsesionado con la eterna juventud, necesita más que nunca de la sabiduría de Cicerón.

EL ARTE DE ENVEJECER

1

Dedicatoria a mi amigo Ático: «Tito, si consigo serte de ayuda, si logro aligerar las preocupaciones que gravan y minan tu pecho, ¿cuál será mi recompensa?».[1]

Te hablo, Ático, con los mismos versos que «aquel hombre pobre en riquezas y rico en lealtades» dirigió a Flaminino, por mucho que tú, a diferencia de Flaminino, no «vives día y noche agobiado por las preocupaciones».

Bien sé que eres persona dotada de moderación y templanza y que en Atenas has adquirido un espíritu cultivado y prudente, no solo un simple sobrenombre.[2] Sin embargo, mucho me temo que la actual situación política te atormente tanto como a mí. Desafortunadamente, es imposible hallarle solución, de modo que mejor será dejar el tema para otro momento.

2

Por eso, y para aligerarnos los hombros a ambos,[3] voy a escribirte un tratado sobre la vejez, pues nos aflige ya por igual, o al menos se nos echa encima igual de rápida e inexorable. Ya sé que tú te enfrentas a ella, y lo seguirás haciendo en el futuro, con la serenidad y la sabiduría con que afrontas las tribulaciones. A pesar de todo, mientras escribía el texto, sabía que eres la persona idónea a quien dedicárselo; ojalá nos beneficie a los dos. De hecho, he disfrutado tanto con él, que no solo se me han disipado de la mente las desventajas de la vejez, sino que he llegado a creerla una etapa agradable y gozosa.

Doy gracias a la providencia por la filosofía, pues su práctica y estudio nos permiten disfrutar de las distintas etapas de la vida.

3

Tú y yo siempre hemos hablado largo y tendido sobre los temas más variados, pero, como te decía, este libro que ahora te envío trata sobre el arte de envejecer. Aristón de Ceos puso a Titono de protagonista en su obra sobre la vejez, pero en mi opinión es un error conferir tanta autoridad a un personaje ficticio.[4] Por eso, y para que sus palabras calen más profundo en los lectores, el mío será Marco Catón el Viejo. Imaginemos que Lelio y Escipión han venido a visitarle a su casa. Los dos jóvenes le comentan cuánto admiran lo bien que lleva la edad.[5] Si te parece que las palabras de Catón son más elevadas que las de sus escritos, atribúyelo a la literatura griega que con tanta aplicación estudió durante sus últimos años.

Basta de preámbulos. Veamos qué tal desarrolla Catón mis pensamientos sobre el arte de envejecer.

4

ESCIPIÓN: Cayo Lelio y yo siempre te hemos alabado por tus amplios y profundos conocimientos, Catón, pero lo que realmente nos admira de ti es que la vejez no te afecta, a diferencia de tantos ancianos que parece que llevan el mismísimo Etna sobre las espaldas.[6]

CATÓN: Creo, jóvenes amigos, que vuestra admiración es infundada. La edad siempre pesa a quienes carecen de recursos para vivir plena y felizmente; por el contrario, la ley de la naturaleza no hace sufrir a quienes los buscan en su interior. La vejez es un claro ejemplo. Todo el mundo quiere llegar a viejo, pero en cuanto lo logran, todo son quejas. Así de necios e incoherentes somos los seres humanos.

Protestamos porque la vejez se nos echa encima mucho antes de lo que esperábamos. Sin embargo, en primer lugar, ¿de quién es la culpa de semejante error de cálculo? ¿Acaso la vejez conquista a la juventud más deprisa que esta a la niñez? Y además, ¿sería menos molesta si en vez de ochenta años viviéramos ochocientos? La edad no importa: al necio nada lo consuela de la fugacidad de los años.

5

Por tanto, si me admiráis por mi sabiduría, y ojalá fuera yo digno tanto de vuestra admiración como de mi sobrenombre,[7] os diré que mi único mérito es seguir al pie de la letra los dictados de la naturaleza y obedecerla como a una diosa. Dudo mucho que tan eficaz dramaturga descuide el último acto del drama de la vida después de haber planeado tan minuciosamente los anteriores. Además, el sabio, cuando se ve caduco y marchito como el fruto que ha perdido la sazón, debe darse cuenta de que el fin es necesario y aceptarlo con serenidad. Enfrentarse a la naturaleza es tan inútil como la guerra de los gigantes contra los dioses.[8]

6

LELIO: Es cierto lo que dices, Catón. Pero como también nosotros deseamos llegar a viejos, te agradeceríamos, y aquí hablo también por Escipión, que nos enseñaras a usar la razón para soportar el peso de los años.

CATÓN: Será un placer, Lelio, si así lo deseáis.

LELIO: Lo deseamos, no te quepa duda. Explícanos, si no te importa, cómo es el lugar al que has llegado tú, que has recorrido buena parte del camino que a nosotros nos queda por recorrer.

7

CATÓN: Veamos qué se puede hacer. A menudo escucho a gente de mi edad —pues como dice el refrán «Dios los cría y ellos se juntan»—, por ejemplo, a Cayo Salinator y a Espurio Albino, casi contemporáneos míos y antiguos cónsules, lamentarse de que la vejez les ha arrebatado los placeres sensuales, sin los que la vida, al menos *su vida*, no tiene sentido.[9] También protestan porque los menosprecian quienes antes los adulaban. A mi modo de ver, se quejan sin motivo. Si la vejez fuera el verdadero problema, a todos los ancianos nos ocurriría lo mismo. Yo conozco, en cambio, a muchas personas de edad que ni se quejan, ni echan de menos la esclavitud de las pasiones sensuales, ni han sido olvidados por sus amistades. Como decía antes, la culpa de esos males no está en los años sino en la falta de carácter. Para soportar la edad dignamente, hace falta serenidad, moderación y sensatez. Los intemperantes y los mezquinos son infelices toda la vida.

8

LELIO: Eso es verdad, Catón. ¿Y qué respondes a quienes dicen que tu situación económica y tu estatus social, privilegios que no están al alcance de cualquiera, es lo que te ha permitido envejecer tan cómodamente?

CATÓN: Efectivamente, eso influye, Lelio, pero no lo es todo. Recuerda la respuesta de Temístocles a aquel hombre de Serifos[10] que le reprochaba haber alcanzado la fama gracias a la gloria de su patria, no por sus propios méritos: «Por Hércules que eso es cierto. Ni yo habría sido famoso jamás si hubiera nacido en Serifos, ni tú si hubieras nacido en Atenas». De la vejez puede decirse algo parecido. Para el pobre, por muy sabio que sea, es una pesada carga, pero al necio no le alegra la vejez ni todo el oro del mundo.

9

La mejor estrategia para mantenerla a raya, queridos Escipión y Lelio, es cultivar las artes y practicar la virtud durante toda la vida. Cuando pasan los años y se aproxima el fin, la virtud, la conciencia de una vida honrada y el recuerdo de las buenas obras continúan dándonos frutos maravillosos y numerosas satisfacciones.

10

De joven admiré mucho a Quinto Fabio Máximo, el general que recuperó Tarento de los cartagineses. Parecíamos hasta de la misma edad, a pesar de que era mucho mayor que yo.[11] Era un hombre austero pero amable, y los años no le habían hecho mella. Cuando lo conocí, tenía ya una edad. Yo nací un año después de su primer consulado, y durante su cuarta legislatura serví a sus órdenes en el ejército, primero en la campaña de Capua y cinco años después en la de Tarento. Cuando cuatro años más tarde, siendo cónsules Tudetano y Cétego, se me nombró cuestor, Quinto Fabio, ya todo un anciano, pronunció sus discursos a favor de la Ley Cincia sobre regalos y remuneraciones.[12]

A pesar de sus canas, hacía la guerra como un joven y su perseverancia doblegó la belicosidad juvenil de Aníbal. Mi amigo Ennio, que siempre lo tuvo en muy alta estima, dijo de él: «Un hombre salvó al país a base de aplazamientos. Se negó a poner su reputación por encima de la integridad de Roma. Por eso su gloria brilla ahora más que nunca».

11

¡Con qué inteligencia y habilidad recuperó Tarento! Recuerdo haber oído al general Salinator, que se había refugiado en la fortaleza tras perder la ciudad, vanagloriarse diciendo «Quinto Fabio, has reconquistado Tarento gracias a mí».[13] Fabio soltó una carcajada y respondió: «Qué razón tienes. Si no la hubieras perdido, no habría tenido yo que venir a reconquistarla».

Fue tan buen soldado como senador. Durante su segundo consulado, y a pesar del silencio de su homólogo Espurio Carvilio, se opuso a los intentos del tribuno Cayo Flaminio[14] de parcelar ilegalmente las tierras de Picena y la Galia. En su época de augur, se atrevió a decir que los auspicios favorecen a lo que beneficie al Estado y se oponen a lo que lo perjudique.[15]

12

Os aseguro por experiencia que de entre sus muchas y muy grandes cualidades, la más impresionante era la entereza. Lo demostró con la muerte de su hijo, un distinguido cónsul. Por aquí tengo el elogio fúnebre que le escribió. Leedlo y comprobaréis que es digno del mejor filósofo. Era un modelo a imitar, tanto en el ámbito de lo público como en lo íntimo. Su conversación, su sentido ético, su conocimiento del pasado y su sabiduría en materia de derecho augural eran impresionantes. A pesar de ser romano, era muy culto y su especialidad era la guerra, tanto la interna como la externa. Siempre lo escuché con suma atención, porque sabía que tras su muerte no me quedaría nadie de quien aprender.

13

He hablado tanto acerca de Quinto Fabio Máximo para que reparéis en el error de tachar de infeliz una vejez como la suya. Evidentemente, ser un Escipión o un Fabio y hablar de las ciudades que uno ha conquistado, de las batallas que ha librado por tierra y mar, de las campañas en las que ha participado y de los triunfos que ha conseguido no está al alcance de cualquiera. Sin embargo, existe también otro tipo de vejez: el final sereno y tranquilo de una existencia discreta, honesta y elegante. Así fueron, por ejemplo, los últimos años de Platón, que escribió hasta su muerte a los ochenta y un años.[16] Isócrates, por su parte, terminó el *Panatenaico* con noventa y cuatro años; ¡y aún le quedaban cinco más de vida![17] Gorgias, su maestro, llegó a los ciento siete y no dejó de estudiar y trabajar ni un solo día.[18] Cuando le preguntaron para qué deseaba vivir tantos años respondió: «No tengo motivos para quejarme de mi edad». Así responden los auténticos sabios.

14

Los necios, en cambio, culpan a la edad de sus propios defectos y errores. Desde luego, Ennio, del que os hablaba hace un momento, nunca lo hizo, pues aun siendo anciano se comparaba con un gallardo y fogoso caballo de carreras: «Como un vigoroso corcel que ha vencido mil carreras en la última vuelta, reposo ahora cansado de los años».

Sin duda lo recordaréis. Murió en tiempos de Cepio y Filipo, diecinueve años antes de la elección de nuestros actuales cónsules, Tito Flaminio y Manio Acilio. Yo, que andaba entonces por los sesenta y cinco, pronuncié un discurso a favor de la Ley Voconia con voz clara y pulmones poderosos.[19] Ennio, por su parte, tenía setenta años y la pobreza y la vejez lo abrumaban. No obstante, las soportaba con tal elegancia que casi se diría que las disfrutaba.

15

Desde mi punto de vista, hay cuatro razones por las que la gente considera que la vejez es una desgracia: la primera, porque nos aparta de la vida activa; la segunda, porque debilita el cuerpo; la tercera, porque nos priva de los placeres sensuales; la cuarta, porque no está lejos de la muerte. Si os parece, analicémoslas una a una para comprobar si son ciertas.

Consideremos para empezar el argumento de que la vejez nos impide mantenernos activos. ¿Estamos hablando de las actividades que realizamos en la juventud? Sin duda algo habrá que puedan hacer los espíritus ancianos cuando el cuerpo ya no acompaña. ¿Acaso no desempeñaron importantes labores el mencionado Quinto Fabio y Lucio Paulo, padre tuyo y consuegro mío, Escipión?[20] ¿Y otros como Fabricio, Curio y Coruncanio?[21] ¿Estaban acaso ociosos cuando protegían a la patria con su sabiduría y autoridad?

16

El viejo Apio Claudio estaba ciego cuando se enfrentó a un Senado que pretendía firmar una paz deshonrosa con el rey Pirro.[22] No se mordió la lengua al pronunciar aquellas palabras que más tarde Ennio pondría en verso: «¿Qué locura ha desviado vuestras mentes, antaño rectas, de su camino?».

Eso dijo, y mucho más, con estilo imponente, como bien sabéis, pues el poema es muy famoso y el discurso se conserva en los archivos. Lo pronunció diecisiete años después de su segundo consulado, y si calculáis que entre ambos mediaron diez años y que además, antes de cónsul, había sido censor, averiguaréis fácilmente lo avanzado de su edad en la época de la guerra contra Pirro.

17

Los que dicen que los viejos somos inútiles no saben de qué hablan. Son como esas personas que creen que el capitán de un barco no hace nada porque se pasa el día a popa, timón en mano, mientras los demás trepan por los mástiles, se afanan por las cubiertas y limpian la sentina. No realiza las labores de los jóvenes porque tiene las suyas propias, más relevantes e imprescindibles.

Las mayores hazañas no se logran con fuerza, rapidez o agilidad física, sino con sabiduría, carácter y buen juicio, y a la vejez no solo no le faltan estas cualidades, sino que más bien anda sobrada de ellas.

18

Yo he sido soldado raso, tribuno y legado, y, cuando era cónsul, fui comandante en jefe de los ejércitos y he luchado en toda clase de conflictos. Quizás penséis que, al haberme retirado de la vida castrense, ya no hago nada. Sin embargo, el que le indica al Senado qué guerras hay que entablar y de qué manera soy yo. El primero en insistir en que declaremos la guerra a Cartago, que lleva años conspirando contra nosotros, he sido yo. Y también seré yo el que tema a esa ciudad hasta que la vea completamente destruida.[23]

19

Ruego a los dioses inmortales, Escipión, que te concedan el honor de concluir la empresa que tu abuelo no logró terminar. Treinta y tres años hace ya de la muerte de aquel ilustre personaje, pero cada año aumenta el recuerdo de su fama. Fuimos cónsules juntos, él por segunda vez, y murió nueve años después, uno antes de que se me nombrara censor.

¿Crees que la vejez habría sido una molestia para tu abuelo, incluso de haber cumplido cien años? Desde luego que no. Evidentemente, no se habría pasado el día corriendo, saltando, lanzando la jabalina o practicando la esgrima, sino que se habría dedicado al ejercicio de la sabiduría, el razonamiento y la prudencia. Si estas cualidades no fueran propias de la senectud, nuestros antepasados no habrían llamado «Senado» a la más alta institución de Roma.[24]

20

También los espartanos llaman «ancianos» a sus magistrados de mayor rango, pues eso es exactamente lo que son. Si estudiáis la historia de los pueblos extranjeros, aprenderéis que los jóvenes destruyen los países más excelsos y los viejos los salvan y restauran. Como dice Nevio[25] en su comedia: «Decidme, ¿cómo pudisteis perder una gran nación tan deprisa?».

Y la significativa respuesta de los personajes: «Escuchando a políticos novatos, necios y jóvenes».

Ya veis que la imprudencia es propia de la edad florida y la sabiduría de la marchita.

21

Dicen que la memoria se debilita con los años. Eso le sucede a quien no la practica o es de naturaleza perezosa. Temístocles se sabía de memoria los nombres de todos los ciudadanos de Atenas. ¿Creéis que al envejecer confundía a Arístides con Lisímaco?[26] Yo mismo recuerdo el nombre de quienes están vivos, el de sus padres y el de sus abuelos. No soy de esos supersticiosos que temen que por leer los epitafios de las tumbas perderán la memoria; yo la refresco recordando a los que ya no están. Tampoco he oído hablar jamás de un anciano que olvidara dónde ha enterrado su dinero. Los ancianos se acuerdan de lo que les conviene, ya sea la fecha de comparecer ante un tribunal, quién les debe dinero o a quién se lo deben ellos.

22

Los abogados, sacerdotes, augures y filósofos viejos lo recuerdan prácticamente todo. La mente se mantiene en forma mientras no se pierdan las ganas de estudiar y aprender. Esto es así tanto para los personajes públicos como para las personas que viven existencias sencillas y calladas. Sófocles, por ejemplo, escribió hasta la más alta senectud.[27] Cuando empezó a descuidar la economía familiar en favor de la escritura, sus hijos pretendieron inhabilitarlo (al igual que nosotros, los griegos tenían leyes que permitían ese tipo de recursos legales si el cabeza de familia ponía en peligro el patrimonio familiar). Cuentan que el anciano dramaturgo leyó ante el tribunal su última obra, *Edipo en Colono*, que estaba aún revisando, y al concluir preguntó al tribunal si parecía

que el autor no estaba en sus cabales. No quedó
otra que absolverlo.

23

En resumen, ni a Sófocles, Homero, Hesíodo,
Simónides, Estesícoro o los ya mencionados Isócrates y Gorgias, sin olvidar a filósofos de la talla
de Pitágoras, Demócrito, Platón, Jenócrates o sus
sucesores, Zenón, Cleantes y Diógenes el estoico,
al que habréis visto por Roma,[28] los obligó la vejez
a abandonar los estudios.

24

Pero incluso dejando de lado a tan excepcionales
personajes, puedo daros los nombres de viejos
campesinos romanos de la región sabina, amigos
y vecinos míos, que no se ausentan de sus tierras durante la siembra, la cosecha o el almacena-
miento, que son las labores agrícolas más importantes del año. Aunque hasta el anciano más de-
crépito cree que le queda al menos un año más de
vida, pensad que estos hombres se afanan en ta-

reas que quizá no vivirán para ver concluidas. Como dice Cecilio Estacio[29] en *Los compañeros*: «Siembra árboles que darán fruto en el mundo futuro».

25

Si le preguntáis a un campesino de la edad que sea para quién es su cosecha, responderá: «Para los dioses inmortales, que me dieron lo que tengo por medio de mis antepasados y al mismo tiempo dictaron que yo se lo entregase a mis descendientes».

Cecilio Estacio, además de estas sabias palabras sobre el anciano que piensa en las generaciones futuras, escribió también las siguientes: «Vejez, si no trajeras contigo ningún otro mal, ya bastaría con el siguiente: que el que vive muchos años verá muchas cosas que no quisiera».

Afortunadamente, quien vive muchos años ve también muchas cosas que le placen. Y por desgracia, durante la juventud se presencian muchas cosas que sería preferible no haber visto.

Cecilio Estacio dice algo aún peor: «Lo peor de la vejez es esa sensación de aburrir a los jóvenes».

26

En esto discrepo de él, pues opino que la compañía de los ancianos no es molesta, sino beneficiosa. Igual que los viejos sabios disfrutan de la compañía de jóvenes bien educados y su vejez se hace más llevadera gracias al respeto y el afecto que les prodigan, así los jóvenes se benefician de los conocimientos de los ancianos, que los guían por el camino de la virtud. Mis queridos y jóvenes amigos, espero que mi compañía os resulte tan grata tanto como a mí la vuestra.

Ya veis como la vejez, lejos de ser una etapa de debilidad e indolencia, puede convertirse en una época de actividad en la que consagrarse a lo que nos ha interesado toda la vida.

Es más, hay incluso quien nunca deja de estudiar. Solón, por ejemplo, presume en sus poemas de envejecer aprendiendo algo nuevo cada día.[30]

Yo estudio griego con la avidez de quien sacia una sed de muchos años. Sin ir más lejos, los ejemplos que os he puesto hasta ahora provienen de mis estudios. Tengo entendido que Sócrates aprendió de viejo a tocar la lira, el instrumento favorito de la edad antigua. Por desgracia no he podido imitarle también en esto, pero al menos me he aplicado diligentemente al estudio de la literatura.

EL CUERPO Y LA MENTE

27

Pasemos ahora a la segunda objeción de la lista. Yo ya no deseo las fuerzas que tenía cuando era joven, así como tampoco en la juventud deseé el empuje de un toro o un elefante. Lo ideal es que usemos nuestras fuerzas en proporción a nuestra edad. Nada hay más patético que la historia de Milón de Crotona,[31] que, según cuentan, viendo ya de viejo a unos atletas entrenando en la pista, se miró los músculos y dijo entre lágrimas:

«¡Y vosotros, en cambio, estáis ya muertos!». ¡No más muertos que tú, necio, cuya fama nunca vino de ti mismo sino de la fuerza de tus brazos y tus pulmones!

Sexto Elio, Tiberio Coruncanio y, más recientemente, Publio Craso eran muy diferentes. Ellos instruyeron a sus semejantes en el estudio de las leyes y fueron juristas expertos hasta el último aliento.[32]

28

Desafortunadamente, incluso los mejores oradores pierden facultades con la edad, pues su habilidad no depende solo del intelecto, sino también de la potencia de la voz. Sin embargo, los años la afinan y la hacen más melodiosa. Yo mismo, con lo viejo que soy, aún no la he perdido. Es conveniente que la oratoria de los ancianos esté dotada de serenidad y contención, pues a menudo el discurso sereno y elegante del anciano se gana al público sin dificultad. Incluso a los que ya no pueden pronunciar un discurso siempre les quedará algo que en-

señarles a un Lelio o a un Escipión... ¿No creéis?
Nada hay más agradable que una vejez adornada
de intereses juveniles.

29

Seguramente coincidiréis conmigo en que los ancianos conservan al menos la energía suficiente
para instruir a los jóvenes y prepararlos para las
muchas obligaciones y responsabilidades de la vida
adulta, lo cual es la más honorable de las tareas.
Estoy convencido, Escipión, de que tanto Cneo y
Publio Escipión como tus abuelos Lucio Emilio
y Publio Africano fueron muy afortunados de gozar siempre de la compañía de jóvenes de buena
familia.[33]

Y es que el que se dedica a la enseñanza nunca
es infeliz, por mucho que su cuerpo se vea azotado
por los mil achaques de la edad. A menudo estos
se deben más a los defectos de la juventud que a la
misma vejez, pues un cuerpo joven que se entrega
a los excesos y la falta de moderación llega agotado
al final de la vida.

30

Cuenta Jenofonte que Ciro dijo en su lecho de muerte que la vejez no le había arrebatado el vigor de la juventud.[34] De niño conocí a Lucio Metelo, que se convirtió en Pontífice Máximo cuatro años después de su segundo consulado y permaneció veintidós en el cargo.[35] Era tan fuerte que a pesar de su avanzada edad nunca echó de menos la juventud. No me voy a poner de ejemplo a mí mismo, aunque hacerlo sería propio de mis canas y es un pecadillo que se debe tolerar a los ancianos.

31

Al leer a Homero habréis reparado en que Néstor menciona a menudo sus muchas y admirables cualidades.[36] Lo hace porque ha visto nacer a tres generaciones de héroes y no teme parecer arrogante o prepotente por hablar de sí mismo. Homero dice de él: «Las palabras que le manaban de la lengua eran dulces como la miel».[37]

Por supuesto, tal dulzura no depende del estado físico. Es más, Agamenón, jefe supremo de los griegos, no les pedía a los dioses diez hombres como Áyax sino como Néstor,[38] y os aseguro que si se los hubieran concedido, la guerra de Troya no habría durado lo que duró.

32

Yo, con mis ochenta y cuatro años, no puedo presumir como Ciro. Pero os aseguro que, aunque ya no tenga los bríos que tenía cuando serví como soldado y después como cuestor en la Guerra Púnica, o cuando fui cónsul en Hispania, o cuando cuatro años después fui tribuno militar a las órdenes de Manio Glabrión[39] en la campaña de las Termópilas, los años no han conseguido marchitarme ni robarme la energía. Ni el Senado, ni la curia, ni mis amigos, partidarios o clientes echan de menos mi vitalidad. Nunca he dado crédito al antiguo y famoso refrán que dice que para vivir muchos años hay que envejecer pronto. Más bien al contrario, prefiero vivir menos que llegar a viejo antes de tiempo. Por eso, mis puertas están siempre abiertas para quien quiera reunirse conmigo.

33

No hay duda, ya no tengo vuestra fuerza. Tampoco vosotros tenéis la del centurión Tito Poncio.[40] No por ello es él mejor que vosotros. Usadla con moderación y conoced vuestros límites, de ese modo nunca os faltará la energía. Se cuenta que Milón recorrió el estadio olímpico con un buey a hombros, pero ¿qué preferís, el físico de Milón o la inteligencia de Pitágoras? Gozad de la fuerza física mientras dure, pero no penéis por ella cuando desaparezca, que tampoco pena el joven por la infancia pasada ni el adulto por la juventud. El curso de la vida es inmutable y el camino de la naturaleza es uno y sencillo. La naturaleza ha dispuesto que a cada etapa de la vida le correspondan una serie de cualidades, la fragilidad a la infancia, el ímpetu a la juventud, la seriedad a la madurez y la serenidad a la vejez. A nosotros nos toca aceptarlo y aprovechar cada una a su debido tiempo.

34

Me imagino, Escipión, que habrás oído hablar de Masinisa, un cliente y amigo de tu abuelo que ha cumplido ya los noventa.[41] Es famoso porque si emprende un viaje a pie jamás se sube a caballo, si lo emprende a caballo se niega a desmontar, y nunca se cubre la cabeza ya llueva o haga sol. Su fortaleza y buena salud le permiten cumplir personalmente con las funciones y obligaciones de un rey. Esto demuestra que el ejercicio y la moderación nos ayudan a conservar el vigor.

En el fondo, ¿qué importa si la vejez nos hace débiles? De los ancianos no se esperan alardes de fortaleza. Por eso estamos exentos de obligaciones públicas que impliquen esfuerzo físico. Si no se espera que realicemos tareas que sí podemos hacer, cuánto menos aquellas que nos superan.

35

Por supuesto, hay ancianos tan enfermos que no pueden ni con la tarea más liviana, pero una vez más, este no es un problema de edad sino de salud. Acuérdate, Escipión, de los múltiples padecimientos del hijo de Publio Africano,[42] tu padre adoptivo. Tenía tan mala salud que casi se diría que no tenía ninguna. De lo contrario, habría sido la segunda gloria de Roma, pues había heredado el valor de Africano pero su formación era mejor. Visto que ni los jóvenes pueden escapar a la enfermedad, no nos llevemos las manos a la cabeza porque a un anciano le fallen las fuerzas de vez en cuando.

Hay que resistir a la vejez, queridos Lelio y Escipión. Hay que compensar sus achaques con perseverancia y combatirla como el que combate una enfermedad.

36

Para ello, hay que vivir de manera saludable, hacer ejercicio con moderación y comer y beber lo justo para saciar los apetitos del cuerpo. Eso sí, el cuidado del cuerpo es tan importante como el de la mente y el espíritu, pues con el tiempo también estos pierden brillo como un candil sin aceite. El ejercicio físico agota al cuerpo, pero la actividad mental agudiza el ingenio. Los «estúpidos viejos de comedia» de las obras de Cecilio son esos ancianos crédulos, desmemoriados y perezosos, plagados de defectos que no son propios de la vejez en sí misma sino de quienes se permiten caer en la modorra, la pereza y la indolencia. Igual que la promiscuidad y la displicencia son más habituales en la juventud que en la vejez, pero se dan solo en los jóvenes que carecen de integridad, así la senilidad se da solo en los ancianos que carecen de firmeza de ánimo y de voluntad.

37

Apio Claudio gobernaba su casa, sus muchos criados, su numerosa clientela y sus cuatro hijos y cinco hijas a pesar de su edad y su ceguera. No sucumbió a la debilidad de la vejez, muy al contrario, supo mantenerse firme como un arco y no convertirse en un tirano de su casa y su familia, sino que, como acabo de decir, gobernaba sus asuntos con rectitud. Sus esclavos lo temían y sus hijos lo respetaban, pero todos lo querían. Mantuvo vivas la disciplina y las tradiciones romanas.

38

Solo son dignos de respeto los ancianos que se defienden a sí mismos, protegen sus derechos, no se doblegan ante nadie y gobiernan lo suyo hasta el último aliento. Igual que me gusta un joven con un toque de madurez, aplaudo a un anciano que haya sabido conservar cierto sabor de juventud. Quienes lo consiguen envejecen físicamente pero no de espíritu.

En lo que a mí respecta, estoy terminando el último volumen de mis *Orígenes*, un compendio de nuestra historia antigua. También estoy enfrascado en la revisión de los discursos de las causas ilustres en las que he participado,[43] investigo el derecho augural, sacerdotal y civil y, como sabéis, dedico mucho tiempo al estudio de la literatura griega. Para ejercitar la memoria, imito a los pitagóricos y hago examen de conciencia por las noches. Esa es mi gimnasia mental, así entreno mi intelecto. Como estas actividades me obligan a esforzarme al máximo, no extraño mi antigua fuerza física. También proporciono consejo legal a mis amigos y acudo con frecuencia a las sesiones del Senado, en las que propongo temas de discusión largamente meditados y defiendo mis puntos de vista con las fuerzas del intelecto, no con las del cuerpo. Y si llega un momento en que incluso esto se me hace imposible, me quedaré en la cama recreándome en lo que no puedo ya llevar a cabo. Si aún puedo hacerlas es gracias a haberme mantenido siempre activo, pues quien pasa la vida entre trabajos y afanes no siente cómo le van pesando los años sino que envejece sin darse cuenta y la vida no se le extingue de golpe, sino que se le apaga paulatinamente durante muchos años.

39

Pasemos ahora a la tercera objeción: la vejez nos priva de los placeres. De ser cierta, la vejez es un auténtico don del cielo, pues nos libera del principal peligro de la juventud. Permitidme, jóvenes amigos, que saque a colación lo que decía el distinguido Arquitas de Tarento cuando yo era joven y servía en el ejército a las órdenes de Quinto Máximo:[44] la lujuria es la peor maldición que la naturaleza ha arrojado sobre el ser humano, pues genera pasiones incontrolables que buscan imprudentes su propia satisfacción.

40

De ella proceden la connivencia con los enemigos, la traición a la patria y las disensiones políticas. Una persona dominada por la lujuria es capaz de cualquier fechoría o crimen. La violencia sexual, el adulterio y demás perversidades proceden de ella. La lujuria es la enemiga acérrima de la razón, don máximo que la naturaleza, o los dioses, han concedido al ser humano.

41

En efecto, ni hay lugar para la moderación donde domina la lujuria, ni para la virtud donde impera el vicio.

Arquitas solía poner el siguiente ejemplo: «Una persona en pleno goce de los placeres sensuales más exquisitos es absolutamente incapaz de usar la mente con sensatez o raciocinio. En conclusión, nada hay más detestable o pernicioso que la lujuria, pues cuanto más se hunde uno en las pasiones más se extingue la luz de la razón».

Según Nearco Tarentino, huésped mío y amigo de Roma, esto se lo dijo Arquitas a Cayo Poncio Samnita, padre del vencedor de la batalla de las Horcas Caudinas,[45] en una conversación en la que intervino el mismísimo Platón, que, según he sabido, visitó Tarento durante el consulado de Lucio Camilo y Apio Claudio.[46]

42

Pongo este ejemplo para que comprendáis que, visto que la razón y la sabiduría no bastan para librarnos de la tiranía de la lujuria, debemos dar las gracias a la vejez por encargarse de que deje de apetecernos lo que no nos conviene. Pues en efecto, si me permitís usar una metáfora, la lujuria ciega los ojos de la mente e impide la reflexión, y por lo tanto, es enemiga declarada de la razón y de la virtud.

Siete años después de su consulado, me vi en la desagradable obligación de expulsar del Senado a Lucio Flaminio, hermano del valerosísimo Tito Flaminio,[47] pues consideré que su indecente proceder merecía una nota condenatoria. Y es que sucedió que cuando ejercía de cónsul en la Galia, se dejó convencer por una prostituta y ejecutó a un condenado a muerte durante un banquete. Lucio escapó al castigo mientras su hermano Tito fue censor (de hecho, fue mi predecesor), pero Flaco y yo nos negamos a permitir que quedara impune un acto depravado y arbitrario como aquel, que suponía tanto una deshonra personal como un insulto al cargo.

43

Mis mayores me contaban que habían oído a los suyos hablar a menudo de Cayo Fabricio, que siendo embajador en la corte del rey Pirro, oyó decir a Cineas el Tesalio[48] que en Atenas vivía uno que se autocalificaba de sabio y que afirmaba que solo hay que hacer lo que nos produzca placer.[49] Cuando se lo contó a Manio Curio y a Tiberio Coruncanio, estos exclamaron que ojalá se pudiera convencer de ello al rey Pirro y a los samnitas, pues si se entregaban a los placeres sería más fácil derrotarlos. Manio Curio fue muy amigo de Publio Decio, que murió por la patria durante su cuarto consulado (cinco años antes de que el propio Curio fuera cónsul).[50] Fabricio y Coruncanio también lo conocieron. A juzgar por cómo vivieron y por la mencionada heroicidad de Decio, fueron hombres convencidos de que ciertas metas vitales son nobles y hermosas de por sí y solo se logran si se persiguen por voluntad propia y por medio del desprecio y la postergación de los placeres.

44

El tema de los placeres y la lujuria sirve para demostraros que el hecho de que la vejez no los extrañe no es motivo de crítica sino de la mayor alabanza. Al privarse de banquetes, de mesas atiborradas de alimentos y de copas siempre llenas de vino, el anciano se libra de la embriaguez, la indigestión y el insomnio.

No obstante, ya que es tan difícil resistirse a sus lisonjas, voy a hacerle una concesión al placer (al que Platón con tanto acierto llamaba «el cebo del mal», pues los seres humanos pican en él como peces en un anzuelo)[51] admitiendo que en la vejez son buenas las delicias de una mesa moderada. De niño veía a menudo al hijo de Marco Duilio, Cayo Duilio, que venció por primera vez a los cartagineses en una batalla naval, ya anciano y volviendo a casa de alguna fiesta[52] a pie y acompañado, según era su gusto, de antorchas y flautistas. Era algo que ningún otro ciudadano había hecho antes, pero él se tomaba aquella licencia a cuenta de su gloriosa reputación.

45

Basta ya de hablar de los demás... Yo mismo siempre he tenido mi grupo de amigos. De hecho, las cofradías del culto ideo en honor a la Gran Madre se introdujeron en Roma siendo yo cuestor.[53] Los cofrades y yo nos reuníamos con frecuencia. Aunque eran cenas modestas, había en ellas un fervor de juventud que los años han ido aplacando. A pesar de todo, ya por entonces me atraía más la conversación y la compañía que los placeres gastronómicos. Nuestros ancestros estuvieron muy acertados al denominar *convivium* a una cena con amigos, pues la palabra significa «vivir juntos» y describe con mayor precisión la esencia de una reunión social que la versión griega *symposion* o *synsition*, términos que aluden a la comida y la bebida, como si los griegos pusieran el énfasis en lo menos importante de este tipo de eventos.[54]

46

Personalmente, me gusta tanto la conversación, que incluso disfruto las veladas que comienzan temprano. En ellas no solo hablo con personas de mi edad, de las cuales, por desgracia, cada vez van quedando menos, sino también con jóvenes como vosotros y vuestros amigos. Si algo he de agradecer a los años es que me hayan aumentado el gusto por la conversación y disminuido el apetito. No obstante, si alguien de mi edad disfruta aún de estos placeres, quede claro que no veo razón por la que deba privarse de nada. Que nadie piense que estoy en contra de los placeres, pues gozar de ellos con moderación es cosa acorde con la naturaleza. A mí me gusta presidir los banquetes, costumbre instituida por nuestros antepasados, y proponer los brindis copa en mano, como tradicionalmente corresponde a quien se sienta en la cabecera de la mesa. En cuanto a las copas, me gustan «pequeñas y llenas de rocío», como dice Jenofonte en *El banquete*. Al fresco en verano y al sol o junto al fuego en invierno.[55] En las reuniones que celebro en mi finca de Sabina y en mi casa de Roma, me quedo charlando de lo humano y lo divino con mis invitados hasta tan tarde como nos apetezca.

47

Por supuesto, el deseo de placeres no es tan intenso en los mayores como en los jóvenes. Al final llega un momento en que se apaga y se deja de sufrir por ellos, pues ya no se les echa de menos. A Sófocles le preguntaron de anciano si aún practicaba el sexo. «Gracias a los dioses, he conseguido ya escapar de ese tirano cruel y despiadado», respondió con muy buen criterio.[56]

Sin duda, no poder satisfacer los deseos físicos es muy molesto. Pero los que los hemos gozado todos, preferimos carecer de ellos que disfrutarlos. Lo que no deseas no te hace sufrir, por eso siempre digo que la felicidad consiste en no desear.

48

A la afirmación de que los jóvenes disfrutan más de lo físico que los ancianos hay que hacerle dos observaciones. En primer lugar, que en el fondo estos placeres no son tan importantes. Y en segundo, que aunque en la vejez no abunden, tampoco faltan del todo. Una obra de Turpión Ambivio se disfruta más en primera fila, de acuerdo, pero también lo pasa uno bien en la última.[57] De igual forma, los jóvenes gozan de los placeres físicos de cerca y los ancianos desde la distancia.

49

Por otra parte, qué bueno es para el espíritu desprenderse de la lujuria, la ambición, las rivalidades, las enemistades y demás pasiones y, como suele decirse, retornar a una vida en paz con uno mismo. Y si además de eso puede uno consagrarse serenamente al estudio y a la sabiduría, no hay nada más feliz que la vejez. Recuerdo a Cayo Galo, uno de los amigos de tu padre, Escipión, siempre estudiando las dimensiones del cielo y de la tierra casi hasta el día de su muerte. Con que frecuencia lo sorprendía el sol enfrascado en algún fenómeno que había comenzado a estudiar por la noche o la luna lo encontraba concentrado en algo que llevaba observando desde el amanecer. Le encantaba adelantarnos cuándo iba a haber un eclipse de sol o de luna.

50

¿Y qué decir de otros estudios más sencillos pero no por ello menos exigentes? Cómo disfrutaban Nevio y Plauto con su epopeya *La guerra púnica* o con su *Truculento* y su *Pseudolo o el trápala*,[58] respectivamente. Recuerdo haber visto a Livio Andrónico cuando era ya anciano.[59] Estrenó su primera obra seis años antes de mi nacimiento, siendo cónsules Cento y Tuditano, y murió cuando yo era joven.[60] No creo que haga falta mencionar de nuevo a Publio Licino Craso, experto en derecho civil y religioso, o a otros ancianos apasionadamente consagrados a su vocación como nuestro querido Publio Escipión, nombrado pontífice máximo hace unos días,[61] o Marco Cetego, a quien con gran acierto llama-

ba Ennio «la médula de la persuasión».[62] Con
qué entusiasmo se ejercitaba en el arte de la oratoria a pesar de su edad.

Los banquetes, los juegos y los burdeles no
valen nada comparados con estos placeres. Las
personas cultivadas a medida que cumplen años se
apasionan cada vez más por el aprendizaje. Por eso
es tan cierto ese verso de Solón en el que afirma
que envejece aprendiendo algo nuevo cada día.
Os aseguro que el placer intelectual es el mayor
de los placeres.

LOS PLACERES DEL HUERTO

51

Siguiendo con el tema, os hablaré ahora de los
placeres del huerto, con los que yo en particular
disfruto mucho. El placer de cultivar está especial-
mente indicado a los ancianos y los sabios. Esto se
debe a que están relacionados con la tierra, que
nunca niega lo que se le pide y siempre devuelve

lo que se le da, a veces con menos generosidad de lo que uno desearía, pero casi siempre con creces.

No obstante, a mí lo que me fascina de la tierra no es el fruto que se extrae de ella, sino el poder de la naturaleza. La tierra recibe la semilla en su blando y labrado seno y la protege de la luz durante un tiempo (a esto se le llama *occaceantum*, de donde procede la voz latina *occatio*);[63] más tarde, la semilla se calienta con la humedad de la tierra, se abre y de ella brota una brizna de hierba verde y pujante que, gracias a sus fibrosas raíces, crece y madura hasta convertirse en un tallo erecto. Después llega a la pubertad, por así decirlo, cuando brota la vaina y finalmente florece una espiga de grano perfectamente alineada y protegida del pico de las aves gracias a una empalizada de espinas.

52

Y para qué hablar de la viña, de su cultivo y cuidado... Baste deciros, para que sepáis cuál es el placer y el consuelo de mi vejez, que no me canso de ella. Tampoco me extenderé en la potencia inherente

que tiene lo que nace de la tierra; cómo una pequeña semilla de higo, una pepita de uva o el hueso de
cualquier fruta se convierten en troncos poderosos
y llenos de ramas. Pensad en los plantones, los es-
quejes o los vástagos, ¿no os parecen admirables?
La vid, caduca por naturaleza, una vez apuntalada,
lanza sus zarcillos como manos hacia el cielo y se
agarra a cualquier cosa. La podadera del agricultor
somete a esa serpiente que se enrosca sin cesar
para que no broten demasiados sarmientos y se
extienda por todas partes.

53

En primavera, junto a las articulaciones de los
sarmientos brota una yema de la cual, a su debido
tiempo, salen los racimos. La uva al principio es
agria, pero la humedad de la tierra y el calor del
sol la maduran, la vuelven dulce y la rodean de
pámpanos que regulan su temperatura y la protegen de los ardientes rayos del sol. ¿Qué puede
haber en el mundo más delicioso al paladar o más
agradable a la vista?

Como decía, lo que me fascina de la viña no es solo su utilidad, sino su misma naturaleza y cultivo; las filas de estacas, las cepas adecuadamente rodrigadas, el atado y acodado de las vides y la poda de los sarmientos.

Y no hablaré de la irrigación, de los surcos y de las distintas cavas que aumentan la fertilidad del suelo. Ni del abonado. Todo eso lo podéis leer en mi tratado de agricultura.[64]

54

Hesíodo el sabio no se explaya sobre estos temas a pesar de haber escrito algo al respecto.[65] Homero, sin embargo, que vivió muchos años antes, sí que dice que Laertes, padre de Ulises, se consolaba de la ausencia de su hijo arando y abonando sus campos.[66]

La tierra nos hace gozar no solo gracias a los sembrados, prados, viñedos y bosques, sino también gracias a los jardines y huertos, el pasto para las reses, las flores de todo tipo y los enjambres. Plantar es un placer y también lo es el arte del in-

jerto, que es lo más ingenioso que han descubierto
las ciencias del campo.

55

Si por mí fuera, hablaría sin parar de las maravillas
de la agricultura, aunque me temo que ya me he
pasado. Perdonadme si así ha sido, me he dejado
llevar por el entusiasmo, aparte del hecho de que
la vejez es de por sí locuaz, y no quiero que parezca
que la excuso de todas sus faltas.

Tras derrotar a los samnitas, a los sabinos
y al rey Pirro, Manio Curio pasó el resto de sus
días consagrado a la agricultura. Al contemplar su
finca, que no queda lejos de la mía, no puedo dejar
de admirar la moderación de aquel hombre y el
sentido de la disciplina de su época.

56

En cierta ocasión, estando Manio Curio sentado
junto al fuego, aparecieron unos samnitas que
le ofrecieron una gran cantidad de oro. Curio lo
rechazó diciendo que la gloria no está en poseer

oro sino en gobernar a los que lo tienen. Sin duda, esa grandeza de espíritu lo llevó a vivir una vejez absolutamente feliz. Volviendo a la gente del campo, en aquella época los senadores (es decir, *senes* o «ancianos») eran agricultores, si hemos de creer la leyenda de que Lucio Quincio Cincinato estaba arando cuando lo vinieron a buscar para nombrarlo dictador. Inmediatamente ordenó a Cayo Servilio Ahala, su lugarteniente, que apresara y ejecutara a Espurio Maelio por tratar de instaurar una monarquía en Roma.[67] Curcio y los demás ancianos tenían que desplazarse desde sus fincas cuando los convocaba el Senado, por eso a los mensajeros enviados a buscarlos se les llamaba *viatores*, es decir, «caminantes».

Es imposible que hombres como aquellos, que tanto amaron el cultivo de la tierra, hayan sido desgraciados de viejos. Soy de la opinión de que no hay vida más plena que la del agricultor, no solo porque es un oficio provechoso para la humanidad, sino por las alegrías que proporciona y por la abundancia de todo tipo de productos necesarios para el sustento del ser humano y el culto de los dioses.

Espero que esta parrafada acerca de la abundancia me reconcilie con las personas que se preocupan por ella. Al agricultor que piensa en el futuro y cuida de sus tierras no le falta vino, aceite ni provisiones en el almacén y la bodega, y su finca está llena de cerdos, cabras, corderos y gallinas, queso, leche y miel. Y luego está el huerto, al que llama su segunda despensa. Los ratos de ocio los dedica a la caza.

57

¿Y el verdor de los prados, las filas de árboles, la belleza de los viñedos y olivares...? En dos palabras, nada hay más hermoso ni más provechoso que la vida en el campo. Y la vejez no solo no nos impide gozar de ella, sino que de hecho nos invita a hacerlo, pues, ¿dónde mejor pueden los ancianos calentarse bajo el sol o delante de un buen fuego? ¿Dónde mejor pueden encontrar el saludable frescor de la sombra de los árboles o el agua de los ríos durante el verano?

58

Que los jóvenes se queden con sus armas, corceles, jabalinas y espadas, su lanzamiento de peso y sus competiciones de velocidad. A los viejos dejadnos nuestros dados y tabas. Y si os empeñáis, lleváoslos también, que sabemos ser felices sin ellos.

59

La obra de Jenofonte es muy útil, os recomiendo que la leáis con atención. En *El económico*, obra sobre la gestión del patrimonio, hace un apasionado elogio de la agricultura. Para que veáis el alto concepto que Jenofonte tiene de ella, en el libro Sócrates le cuenta a Cristóbulo la siguiente historia.[68]

Ciro el Joven, rey de Persia, famoso por su inteligencia y por la gloria de su imperio, recibe la visita de Lisandro de Esparta, hombre de intachable virtud,[69] que viene a Sardes con regalos de sus aliados. Ciro se muestra generoso y cortés y, entre otras cosas, le invita a pasear con él por un hermoso jardín. Lisandro alaba los magníficos árboles perfectamente alineados, la tierra bien labrada y el delicado aroma de las flores. El espartano añade después que el jardín no solo le parece bellísimo por lo bien cuidado que está, sino por la habilidad de quien lo diseñó. «He sido yo quien lo ha diseñado. Muchos de estos árboles los he plantado con mis propias manos», responde Ciro. Lisandro se lo queda mirando sorprendido, el hermoso cuerpo y la túnica púrpura, los adornos de oro y piedras preciosas de su vestimenta persa, y exclama: «En ti se unen la fortuna y la virtud, Ciro. Con razón se dice que eres feliz».

60

Los ancianos tenemos la suerte de disfrutar del cultivo de la tierra hasta el fin de nuestros días. Ya conocéis, por ejemplo, el caso de Valerio Corvino, que trabajó sus tierras hasta una edad muy avanzada y llegó a los cien años.[70] Entre su primer y su último consulado, que fue nada menos que el sexto, transcurrieron cuarenta y seis años, es decir, el tiempo que según nuestros antepasados duraba la vida pública antes del comienzo de la vejez. La última etapa de su vida fue la más feliz, pues era muy respetado y tenía menos responsabilidades.

LOS HONORES DE LA VEJEZ

61

Sin duda, lo mejor de la vejez es el respeto. En la antigüedad hubo personas muy respetadas, como Lucio Cecilio Metelo y Aulo Atilio Calatino,[71] en cuya tumba hay grabado este famoso epitafio: «Yace aquí el mejor de su pueblo. El mundo entero lo proclama».

De épocas más recientes cabe mencionar al pontífice máximo Publio Craso o Marco Lépido, su sucesor.[72] O los ya mencionados Paulo, Africano y Máximo. Eran personas que no necesitaban decir una sola palabra para infundir respeto; el más mínimo gesto bastaba. El respeto que otorga la edad al ser humano, sobre todo al que ha desempeñado cargos públicos, satisface mucho más que los placeres sensuales de la juventud.

62

Pero atención, queridos y jóvenes amigos, al elogiar la vejez me refiero siempre a aquella cuyas raíces se hunden profundas en la tierra fértil de la juventud. Como dije en cierta ocasión, la vejez que se defiende a base de discursos no es respetable. Las canas y las arrugas no infunden autoridad por sí solas. Para cosechar los frutos del prestigio hay que haber vivido dignamente toda una vida.

63

Los gestos de deferencia son cosas comunes que a veces pueden parecer banales. Que te saluden, te visiten, te cedan el paso, te acompañen, te pidan consejo o se levanten cuando llegas son costumbres que se observan escrupulosamente en Roma y en otros lugares civilizados.

Lisandro de Esparta, del que hablábamos antes, proclamaba que su ciudad era el mejor lugar del mundo para los ancianos, pues en ella se les respetaba más que en ninguna otra. Se cuenta que una vez en Atenas un anciano asistió al teatro, pero el aforo estaba completo y sus conciudadanos no querían cederle el sitio. Sin embargo, al pasar por delante del palco de los espartanos, que estaban allí en calidad de huéspedes, se levantaron todos de inmediato para ofrecerle asiento.

64

Cuando el teatro entero prorrumpió en una cerrada ovación, uno de ellos comentó: «Estos atenienses saben lo que hay que hacer pero no lo hacen».

En el colegio de augures, al que pertenecéis, hay muchas costumbres admirables, pero la que más viene al caso en nuestra conversación es la de conceder el turno de palabra de acuerdo con la edad, de modo que los miembros más ancianos tienen prioridad sobre los que ostentan cargos oficiales e incluso sobre los magistrados más importantes. ¿Qué placeres físicos pueden compararse con semejantes honores? Estoy convencido de que quienes los disfrutan son como los grandes actores que saben interpretar su papel hasta que cae el telón de este drama que es la vida, no como esos otros inexpertos que se quedan sin fuerzas en el último acto.

65

Por supuesto que hay viejos que tienen mal genio, sufren de ansiedad, son iracundos, intratables e incluso avaros, pero, una vez más, esos defectos de carácter no tienen nada que ver con la edad. Hasta cierto punto, hay que comprenderlos, pues en el fondo lo que les sucede es que se sienten ignorados, despreciados y objeto de burla. Además, al físicamente frágil le ofende cualquier cosa. El cultivo de la inteligencia y del buen carácter todo lo mitiga. Esto lo vemos en la vida real tanto como en el teatro. En la obra de Terencio *Adelfo o los hermanos*,[73] uno es áspero y desagradable y el otro suave y amable. Igual que no todos los vinos se avinagran con los años, tampoco la edad agría el carácter de todas las personas. En la vejez, la austeridad practicada con moderación es una gran cualidad, en cambio la acritud no lo es nunca. En cuanto a la avaricia, no consigo comprender de qué le sirven a nadie unas alforjas pesadas al final de un viaje.

NO HAY QUE TEMER A LA MUERTE

66

Consideremos ahora la cuarta y última objeción, esa que preocupa y amedrenta a tantas personas de mi edad: la cercanía de la muerte. Envejecer es signo inequívoco de que la muerte no anda muy lejos.

Pobre de la persona que llega a vieja sin haber aprendido a no temer a la muerte. La muerte solo puede hacer dos cosas: extinguir el espíritu humano por completo, en cuyo caso lo mejor es no preocuparse, o conducirlo a la vida eterna, en cuyo caso es incluso deseable. No hay más opciones.

67

Por lo tanto, ¿para qué vivir con miedo, si una vez muertos o bien terminan nuestros sufrimientos o bien somos felices para siempre?

Además, ni el más joven es tan tonto como para creerse con absoluta certeza que seguirá vivo mañana. Los jóvenes sufren más accidentes que los viejos. También enferman con mayor facilidad, de mayor gravedad y les cuesta más trabajo curarse. Por eso llegan a viejos tan pocos. Si no murieran tantos jóvenes, seríamos una nación sabia y prudente, ya que la razón y el buen juicio son cualidades propias de la vejez. De no ser por los ancianos, no habría ciudades.

Pero volvamos al tema de la proximidad de la muerte, que tanto y con tan poco motivo desazona a los ancianos, ya que, como acabamos de ver, es común a todas las edades por igual.

68

Yo la he sentido en mis propias carnes cuando murió mi querido hijo, al igual que tú, Escipión, con tus dos hermanos, fallecidos en la flor de la vida. Me dirás que los jóvenes albergan esperanzas de vivir más tiempo, cosa que ya no sucede cuando uno llega a viejo. A eso te respondo que tales esperanzas son vanas y que confundir lo cierto con lo incierto y lo verdadero con lo falso es una necedad. Me dirás que a los ancianos les queda ya poco que esperar. A eso otro te respondo que los viejos están en mejor posición que los jóvenes, pues lo que estos esperan aquellos ya lo han logrado. Los jóvenes esperan vivir la larga vida que los viejos ya han vivido.

69

Pero en el fondo, ¿qué cosa humana es duradera? ¿Quién ha sido el humano más longevo? ¿Acaso Argantonio de Gades, rey de los tartesios, que, según he leído, reinó ochenta años y vivió ciento veinte?[74] La verdad, esos ciento veinte años me parecen efímeros, pues tuvieron un final. Y cuando llega ese final, el tiempo se ha esfumado y solo quedan las obras realizadas con honestidad y virtud. Las horas pasan y los días, los meses y los años los persiguen, y como el pasado nunca vuelve y el futuro es imposible de conocer, lo mejor es contentarse con el tiempo que nos toque vivir.

70

No hace falta que un actor esté en escena toda la obra, basta con que haga bien su papel. De la misma forma, la persona sabia no necesita quedarse en el teatro del mundo hasta que el público aplauda. Por breve que sea la vida que se nos concede, siempre hay tiempo para vivirla con virtud y honestidad. Y si por casualidad nuestros días se prolongan, no nos entristezcamos más que el agricultor que ve a la primavera dar paso al verano y este al otoño. La primavera es la juventud y la esperanza del fruto venidero y los años posteriores son las estaciones de la cosecha y el almacenaje de lo sembrado.

71

La mejor cosecha de la vejez es la del recuerdo de las buenas acciones.

Siempre digo que lo natural es bueno. ¿Qué hay más natural que la muerte de un anciano? La de un joven, en cambio, es contraria a las leyes de la naturaleza. La muerte de un joven es como una llama apagada con un golpe de agua, y la de un anciano como una llama que se consume lentamente y se extingue sin violencia cuando se le agota el combustible. Es como las manzanas, que cuando están verdes se arrancan del árbol de un tirón, pero caen al suelo por sí mismas cuando están demasiado maduras. De igual manera, a los jóvenes los mata la violencia y a los ancianos la madurez. Es una idea que me reconforta, y a medida que mi muerte se aproxima me siento como un marino que vislumbra el puerto de su patria después de una larga travesía.

72

Sin embargo, como la vida no tiene un final prefijado, hay que vivirla sin preocuparse por la muerte mientras seamos capaces de cumplir con nuestras obligaciones. De esto se sigue que la vejez es más animosa y valiente que la juventud. Por eso cuentan que cuando el tirano Pisístrato preguntó a Solón de dónde sacaba el coraje para oponérsele con tanta obstinación, este le respondió «De la vejez». [75]

Quien aún conserva las capacidades físicas y mentales cuando la naturaleza decide terminar lo que ella misma ha construido, muere feliz. La persona adecuada para desguazar un barco o derribar una casa es la que los ha construido. De igual forma, la naturaleza es la indicada para poner fin a la vida de los seres que tan sabiamente ha diseñado. Los edificios nuevos se resisten a caer, los que tienen más tiempo se vienen abajo fácilmente.

En consecuencia, los ancianos no deben aferrarse a la vida que les queda, pero no por ello deben rendirla a la primera de cambio.

73

Pitágoras afirma que hay que luchar por la vida y defenderla mientras así lo ordene el general al mando, que es la divinidad.[76] Solón, por su parte, habla en un poema de su deseo de ser llorado y extrañado por los suyos tras su muerte. Pero a mi modo de ver, de nuevo es Ennio el que da en el clavo: «Que nadie me honre con lágrimas ni con llanto celebre mi funeral».

Ennio no cree que la muerte deba ser causa de tristeza, ya que lo que hay detrás es la vida eterna.

74

Sin duda morir no es agradable, pero al menos es breve, sobre todo en el caso de los ancianos. Una vez muertos, como decíamos antes, nos aguarda o bien la vida eterna o bien la nada. El desprecio de la muerte es algo que hay que aprender desde jóvenes, pues sin él no es posible la paz de espíritu. Está claro que morir vamos a morir todos, y quizás incluso hoy mismo. Los que viven temerosos de una muerte siempre acechante no logran endurecer el ánimo.

75

No voy a perder el tiempo con ejemplos. Baste con recordar a Lucio Bruto, que sacrificó la vida por la libertad de la patria;[77] a los dos Decios, que galoparon hacia una muerte voluntaria;[78] a Marco Atilio, torturado hasta la muerte por no quebrantar la palabra dada a un enemigo;[79] a los dos Escipiones,[80] que frenaron el avance de los cartagineses con su propio cuerpo... Y también a tu abuelo Lucio Paulo, Escipión, que pagó con la vida la imprudencia de un compañero de armas en el desastre de Cannas.[81] También a Marco Marcelo, enterrado con todos los honores por sus propios enemigos.[82] Y en nuestros soldados, que, como digo en los *Orígenes*, mi tratado de historia de Roma, marchan con entusiasmo y ánimo firme hacia lugares de los que saben que no regresarán. A la vista de todo ello, poco tiene que temer una persona anciana y experimentada de aquello que desprecian los jóvenes, los campesinos y los que carecen de formación.

76

Desde mi punto de vista, perder el interés es signo de que ya se ha vivido bastante. Los niños disfrutan con cosas que de jóvenes ya no les apetecen. La persona madura pierde el gusto por sus aficiones de juventud. Al anciano le hastían las actividades de la edad adulta. De la misma forma, las aficiones de la vejez también acaban por desaparecer. Cuando esto sucede, es señal de que ha llegado el momento de partir.

77

Dado que cuanto más cerca la tengo, más creo comprenderla, os voy a decir lo que pienso de la muerte. Estoy convencido de que vuestros padres, Publio Escipión y Cayo Lelio, hombres de gran valía a los que aprecié mucho, no han muerto. Creo que siguen vivos y de hecho viven la única vida digna de ese nombre. Creo también que mientras estemos enjaulados en este mundo, no tenemos más remedio que acatar los decretos del destino, por arduos y pesados que sean. Los dioses arrancan el alma de su morada celestial, la arrojan a la tierra, lugar contrario a su naturaleza divina e imperecedera, y la aprisionan en el cuerpo con el fin de que haya quien cuide de la creación y contemple el orden divino y lo aplique a su propia vida por medio de la moderación y la firmeza de principios.

Este modo de pensar procede de mi propio razonamiento, pero está basado en la autoridad de prestigiosos y reconocidos filósofos.

78

Como por ejemplo Pitágoras y su escuela, prácticamente compatriotas nuestros, ya que se les conoce como «filósofos itálicos», para los cuales el alma humana se origina en una mente divina universal.[83] O la teoría de la inmortalidad del alma que Sócrates, al que el oráculo de Apolo proclamó la persona más sabia jamás nacida, enunció el mismo día de su muerte.

Añadiré además mi absoluto convencimiento de que el ser humano, dada su inagotable vitalidad, su memoria de lo pasado, su capacidad de conocer el futuro, sus asombrosas habilidades artísticas, su curiosidad científica y su pasión por descubrir lo desconocido, posee forzosamente un alma de naturaleza eterna. Es más, visto que los seres humanos son dinámicos por definición y que ese movimiento no tiene principio, pues procede de sí mismo, tampoco puede tener fin, pues no es capaz de abandonarse a sí mismo. Por otra parte, el alma humana es indivisible y por lo tanto imperecedera, pues su naturaleza es pura y no tiene mezcla de ninguna otra materia. Otro argumento de peso es que muchas cosas las conocemos antes de nacer, como lo demuestra el hecho de que los niños sean capaces de dominar materias complejas tan deprisa que más que aprender parece que estén recordando lo que ya saben. Esta es a grandes rasgos la teoría de Platón.[84]

79

En la obra de Jenofonte, Ciro dirige a sus hijos las siguientes palabras en su lecho de muerte:[85]

«Queridos hijos, no creáis que dejaré de existir cuando haya muerto. Durante la vida que hemos compartido, mis obras han puesto de manifiesto que, aunque invisible a los ojos, había un alma que habitaba este cuerpo; seguid creyendo en ella aunque no la veáis.

80

»Si no fuera porque el alma preserva su recuerdo, la muerte borraría la gloria de las personas ilustres. Nunca he sido de los que creen que el alma perece y pierde la capacidad de raciocinio al perecer el cuerpo donde habita. Al contrario, cuando por fin se desprende de las ataduras físicas, se torna pura, libre y verdaderamente sabia. Esto podemos comprobarlo cuando el cuerpo se descompone y cada elemento retorna a sus orígenes. Solo el alma permanece invisible tanto en la vida como en la muerte.

81

»Veis, por tanto, que la muerte es como el sueño. Y es que durante el sueño, el alma muestra más claramente su naturaleza divina, ya que, libre de ataduras y restricciones físicas, alcanza a ver el futuro con mayor claridad. Esto nos ofrece un atisbo de lo que es capaz el alma cuando no está encerrada en el cuerpo.

»Si lo que digo es cierto, hijos míos, respetadme como a un dios después de mi muerte. Y si me equivoco y resulta que alma y cuerpo desaparecen juntos, al menos honrad y preservad mi memoria como hombres que acatan los mandatos de los dioses, regentes y protectores de este hermoso mundo».

Estas fueron las últimas palabras de Ciro. Extraigamos ahora nuestras conclusiones.

82

Nadie conseguirá convencerme, Escipión, de que tu padre, Paulo, o tus abuelos, Paulo y Africano, o el padre y el tío de Africano, o tantos otros nombres famosos que no viene al caso recordar ahora, realizaron tantas hazañas famosas sin creer que el mañana les pertenecía.

¿Es que pensáis que yo mismo, permitidme un mínimo de jactancia senil, me habría pasado la vida esforzándome en casa y en el extranjero, en la guerra y en la paz, si creyera que mi fama se extinguiría con mi vida terrenal? De ser así, os aseguro que me habría consagrado a una viga regalada y pacífica, sin esfuerzos ni sinsabores. Pero mi alma, alzándose en mi interior con la mirada puesta en el futuro, siempre supo que la vida verdadera comienza después de la muerte. Si el alma no fuera inmortal, jóvenes amigos, ¿para qué se esforzarían los mejores de los hombres en alcanzar la inmortalidad?

83

¿Y cuál otra es la razón de que los sabios mueran en paz y los ignorantes en el mayor de los desasosiegos? El alma de los sabios ve clara y precisamente que parte a un mundo mejor, mientras que la del ignorante, ofuscada y embotada, no sabe ver a dónde se dirige.

Sí, queridos Escipión y Lelio, la verdad es que ardo en deseos de ver de nuevo a vuestros padres, viejos y queridos amigos míos, a muchos otros conocidos y a tantas personas a las que no he llegado a conocer, pero de las que he oído hablar, he leído e incluso he escrito. Y una vez comience ese viaje, no habrá manera de obligarme a regresar ni rejuvenecerme en un caldero como a Pelias.[86] Y si algún dios me ofreciera volver a empezar y me devolviera a la infancia, a la cuna y a las lágrimas, declinaría el favor sin pensarlo dos veces. ¿Para qué regresar a la cuadra cuando queda ya tan poco para cruzar la meta?

84

¿Qué ventajas tiene la vida? O mejor dicho, ¿qué sufrimientos no tiene? No me interpretéis mal, bien sé que está llena de cosas buenas, pero llega un momento en que ya basta. No me tengáis por uno de esos muchos cínicos que la desprecian. Me alegro de haber vivido y me gusta creer que he nacido para servir un propósito y que abandono este mundo como el que se va de un hotel, no de un hogar. La naturaleza nos concede el cuerpo para que lo habitemos temporalmente como inquilinos, no como propietarios.

El día que parta para unirme a esa divina asamblea de almas y abandone por fin este mundo de ruido y confusión será maravilloso. Volveré a ver a todos los que he mencionado, y sobre todo a mi hijo Catón, el mejor de los hombres y el más cariñoso de los hijos, cuya pira funeraria tuve la desgracia de encender en vez de que fuera al revés, que habría sido lo normal. Y sin embargo, su alma no ha partido del todo, sino que me espera aún en ese lugar al que sabe que también yo he de llegar. La gente cree que he soportado su muerte con firmeza de ánimo, pero en realidad mi único consuelo ha sido el convencimiento de que la separación no sería eterna.

85

Por todo esto para mí la vejez no solo no es molesta, sino que incluso me resulta agradable. Y si me equivoco al creer en la inmortalidad del alma, me alegro del error, pues es una creencia que me hace feliz y que defenderé mientras viva. Si, como piensan ciertos filósofos de mente estrecha, cuando muera no sentiré nada, por lo menos no tengo que preocuparme de encontrármelos allí y de verme obligado a soportar sus burlas.

El ser humano no es inmortal, esa es la verdad; por lo tanto, cada cual debe morir cuando le llegue el momento. La naturaleza, que ha fijado los límites de todas las cosas, también ha fijado los de la vida. La vejez es el último acto de una obra de teatro. Cuando estamos cansados y hartos es que ha llegado la hora de partir.

Estas son, jóvenes amigos, mis opiniones sobre la vejez. Espero que viváis lo suficiente para comprobar por experiencia propia la veracidad de todo lo que os he contado aquí hoy.

NOTAS

1. Estos versos y los siguientes proceden de los *Anales* de Quinto Ennio, una historia épica de Roma del siglo II a. de C. Ennio los dedica a Flaminino, el general romano que se enfrentó a Filipo V de Macedonia en 197 a. de C. Cicerón juega con los nombres del general, *Tito* Quincio Flaminino y el de su propio amigo *Tito* Pomponio Ático, a quien dedica la obra.

2. El amigo de Cicerón se añadió el cognomen de *Ático* por la Ática, región cuya capital es su amada Atenas.

3. Cuando se compuso la obra, Ático tenía sesenta y cinco años y Cicerón sesenta y dos.

4. Se refiere a Aristón de Ceos, filósofo del siglo III a. de C., procedente de la isla griega del mismo nombre. Titono era un rey mitológico de Troya

al que Zeus, a instancias de Eos, diosa de la aurora, concedió la inmortalidad pero no la eterna juventud. Envejeció sin morir hasta quedar reducido a una cáscara arrugada y una voz chirriante.

5.   Marco Porcio Catón (234-149 a. de C.) fue un estadista, granjero, militar y escritor romano, famoso por su austeridad y muy admirado por Cicerón. En el año en que discurre la obra (150 a. de C.), Catón tiene ochenta y cuatro años, edad bastante avanzada para la época. Sus jóvenes contertulios son Escipión Emiliano, que destruiría Cartago tres años más tarde durante la tercera guerra púnica, y Cayo Lelio, el personaje principal del tratado *De amicitia* de Cicerón, publicado en esta colección bajo el título de *El arte de cultivar la verdadera amistad*.

6.   Volcán situado en el este de Sicilia.

7.   Referencia a la reputación de Catón de *sapiens* («sabio»), como aparece en otras obras de Cicerón (por ejemplo, en *De amicitia*, 6) o quizás a la etimología popular que deriva el nombre de Catón de la palabra *catus* («astuto»).

8.   En la mitología griega, los gigantes se rebelaron contra los dioses olímpicos y fueron completamente derrotados.

9. Salinator y Albino fueron cónsules pocos años después que el propio Catón.

10. Temístocles fue durante un tiempo el político de mayor prominencia de Atenas y venció a los persas en Salamina en 480 a. de C. Serifos es una pequeña isla del mar Egeo.

11. Quinto Fabio Máximo recuperó Tarento en la segunda guerra púnica. Sus críticos le pusieron el apodo de *Cunctator* («el que retrasa») por su prudente pero exitosa estrategia para derrotar a Aníbal. Fue cónsul en cinco ocasiones y dictador en dos oportunidades. Murió en 203 a. de C.

12. La *Lex Cincia* (204 a. de C.) prohibía cualquier tipo de pago o dádiva que interfiriera con la administración de justicia, incluyendo los honorarios de los abogados.

13. Error de Cicerón. El general que perdió Tarento no fue Marco Livio Salinator, sino un pariente suyo, Marco Livio Macato.

14. Flaminio propuso esta ley para crear asentamientos romanos en tierras públicas del norte de Italia.

15. Griegos y romanos practicaban el arte del augurio, la adivinación por medio del vuelo de los pájaros, para determinar si los dioses aprobaban sus accio-

nes. En Roma el colegio de augures, cuyos miembros lo eran de por vida, se ocupaba de la práctica.

16. Discípulo de Sócrates que llegaría a ser uno de los filósofos más conocidos e influyentes de la Antigüedad (*c.* 427-347 a. de C.).

17. Orador y maestro de retórica ateniense (436-338 a. de C.).

18. Sofista y maestro de retórica siciliano (*c.* 485-*c.* 380 a. de C.).

19. Ley de 169 a. de C. que restringía los derechos hereditarios de las mujeres.

20. Lucio Emilio Paulo. Venció a los macedonios en Pidna (168 a. de C.).

21. Cayo Fabricio Luscino, cónsul en 282 y 278 a. de C., era famoso por su incorruptibilidad. Manio Curio Dentato fue cónsul en cuatro ocasiones y puso fin a la tercera guerra samnita en 290 a. de C. Tiberio Coruncanio venció a los etruscos y fue cónsul en 280 a. de C.

22. Apio Claudio el Ciego (también conocido como Apio Claudio el Censor) fue cónsul en 307 y 296 a. de C. Pirro, rey de Epiro, contribuyó a la derrota romana de 280 a. de C.

23. Catón era famoso por terminar sus discursos exigiendo la destrucción de Cartago con la famosa frase *Carthago delenda est* («Cartago debe ser destruida»).

24. El Senado (*Senatus*) era originalmente la asamblea de los *senes* («ancianos») más notables de la ciudad.

25. Cneo Nevio vivió en el siglo III a. de C. y fue uno de los primeros dramaturgos romanos.

26. Arístides, acérrimo enemigo de Temístocles, era hijo de Lisímaco.

27. Famoso dramaturgo ateniense del siglo V a. de C.

28. Simónides (siglos VI-V a. de C.), poeta lírico; Estesícoro (principios del siglo VI a. de C.), poeta lírico. Pitágoras (fines del siglo VI a. de C.) matemático y filósofo; Demócrito (siglos V-IV a. de C.), filósofo y formulador de la teoría de los átomos; Jenócrates (siglo IV a. de C.), filósofo; Zenón (siglo V a. de C.), filósofo estoico; Cleantes (*c.* 331-232 a. de C.), filósofo; Diógenes de Babilonia (*c.* 240-152 a. de C.), filósofo que visitó Roma en 156-155 a. de C.

29. Poeta cómico romano del siglo II a. de C.

30. Político y legislador griego (*c.* 638-558 a. de C.).

31. Famoso púgil del siglo VI a. de C., seis veces vencedor de los Juegos Olímpicos.

32. Sexto Elio Peto (cónsul en 198 a. de C.), exégeta de la Ley de las Doce Tablas romana; Publio Licinio Craso Dives (cónsul en 205 a. de C.).

33. Cneo Cornelio Escipión Calvo y su hermano menor Publio Cornelio Escipión fueron dos generales romanos que murieron en 211 a. de C. luchando contra los cartagineses en Hispania. Lucio Emilio Paulo, cónsul y general romano, murió en la batalla de Cannas (216 a. de C.). Publio Cornelio Escipión Africano derrotó a Aníbal en Zama (202 a. de C.), poniendo así fin a la segunda guerra púnica.

34. Ciro el Grande (siglo VI a. de C.) fue el fundador de la dinastía Aqueménida. Jenofonte (*Cyropaedia*, 8.7) afirma que murió de muerte natural, pero otras fuentes indican que cayó en combate contra los escitas.

35. Lucio Cecilio Metelo, cónsul en 251 y 247 a. de C.

36. Según Homero, Néstor el Viejo, rey de Pilos, fue el principal consejero de Agamenón, líder de la coalición griega contra Troya.

37. *Ilíada*, canto I, v. 249.

38. Áyax Telamón (no confundir con Áyax Oileo) fue el más formidable de los soldados griegos después de Aquiles.

39. Catón fue enviado a Grecia en 191 a. de C. con el cónsul Manio Acilio Glabrión para rechazar la invasión de Antíoco III, emperador persa de la dinastía seléucida, al que derrotaron en la batalla del paso de las Termópilas, donde los espartanos de Leónidas se habían enfrentado a los invasores persas tres siglos antes.

40. Militar romano de la época de Catón del que solo se sabe que era famoso por su fuerza.

41. Rey de los númidas (muerto en 148 a. de C.), aliado de Roma contra Cartago en la segunda guerra púnica.

42. El Escipión de este diálogo fue adoptado por Publio Cornelio Escipión, hijo del famoso Publio Cornelio Escipión Africano.

43. Una historia de Roma desde sus orígenes hasta el siglo II a. de C., hoy perdida.

44. Arquitas de Tarento, que vivió durante la primera mitad del siglo IV a. de C., fue un filósofo pita-

górico, matemático, astrónomo y amigo de Platón.

45. Aplastante derrota de los ejércitos romanos acaecida en 321 a. de C.

46. Dudosa afirmación, dado que Platón rondaría los ochenta años por esas fechas (349 a. de C.).

47. Catón llevó a cabo estas medidas con Lucio Valerio Flaco en 184 a. de C., cuando era censor.

48. Cineas, discípulo del orador ateniense Demóstenes, fue enviado por Pirro a negociar con los romanos.

49. Epicuro (341-270 a. de C.).

50. Publio Decio Mus murió al frente del ejército romano en la batalla de Sentino.

51. *Timeo*, Platón, 69d.

52. Cayo Duilio venció a los cartagineses en la batalla de Milas (Sicilia) durante la primera guerra púnica (260 a. de C.).

53. El culto de la diosa oriental Cibeles, procedente de las inmediaciones del monte Ida en la actual Turquía, comenzó en Roma cuando Catón era cuestor (204 a. de C.).

54. Cicerón traduce aquí los términos griegos *synposion* (de donde procede la voz española *simposio*) y *syndeipnon*.

55. *Simposio*, Jenofonte, 2.26.

56. *La república*, Platón, 329b.

57. Actor y productor de las obras de Terencio en el siglo II a. de C.

58. Plauto (principios del siglo II a. de C.) fue uno de los primeros escritores romanos de comedia. Cosechó enormes éxitos.

59. Livio Andrónico (*c*. 280-200 a. de C.) fue un liberto griego que tradujo la *Odisea* de Homero al latín y se convirtió en un importante dramaturgo.

60. Cayo Claudio Centón y Marco Sempronio Tuditano fueron cónsules en 240 a. de C.

61. Publio Cornelio Escipión Nasica Córculo, cónsul en 162 y 155 a. de C. y primo adoptivo del Escipión que protagoniza este diálogo.

62. Marco Cornelio Cetego, cónsul en 204 a. de C.

63. *Occatio* (gradar o rastrillar la tierra) procede de la palabra *occa* («azada»).

64. *De agri cultura*, también llamado *De re rustica*, el tratado de Catón sobre las labores del campo, se conserva y aporta una fascinante visión de la agricultura antigua así como de la sociedad romana primitiva.

65. En su obra *Los trabajos y los días*.

66. La mayoría de los especialistas actuales están de acuerdo en que Homero y Hesíodo fueron casi contemporáneos (*c.* 700 a. de C.). Homero solo dice de Laertes (*Odisea*, 24, 227) tenía un viñedo, no que usara el estiércol.

67. Lucio Quincio Cincinato. Se dice que disfrutó de poderes dictatoriales de emergencia en 458 a. de C. con el fin de frenar la invasión de los ecuos, y de nuevo en 439 a. de C. para evitar que Espurio se hiciera ilegalmente con el poder en Roma. El lugarteniente, *magister equitum* en latín (lit. «maestro de caballería») era la mano derecha de un dictador.

68. *Oeconomicus*, 4.20-25. Al igual que Platón, Jenofonte también fue discípulo de Sócrates y lo utiliza como narrador en varias de sus obras.

69. Ciro el Joven fue el hijo de Darío II. Murió en combate en 401 a. de C. en una batalla contra su

hermano por la sucesión en la que Jenofonte luchó como mercenario. Lisandro (muerto en 395 a. de C.) fue un general espartano que se alió con los persas para derrotar a Atenas en la guerra del Peloponeso. Sardes fue una ciudad persa en Lidia, actual Turquía occidental.

70. Marco Valerio Corvino fue cónsul seis veces a finales del siglo IV y principios del III a. de C.

71. Aulo Atilio Calatino, cónsul en 258 y 254 a. de C., fue un héroe de la primera guerra púnica.

72. Marco Emilio Lépido, cónsul en 187 y 175 a. de C.

73. Obra de teatro romana del siglo II a. de C.

74. Gades (actual Cádiz), en el suroeste de la península Ibérica, era la capital de Tartessos. La anécdota procede de Heródoto, I, 163.

75. Pisístrato fue un tirano de Atenas de la mitad del siglo VI a. de C.

76. Cicerón recurre aquí al singular de la voz latina *deus* («dios») para aludir al ser supremo.

77. Lucio Junio Bruto se convirtió en uno de los primeros cónsules romanos (509 a. de C.), tras derrotar al rey etrusco de Roma. Murió combatiendo

contra un ejército etrusco que pretendía reinstaurar la monarquía.

78. Tanto el padre como el hijo se llamaban Publio Decio Mus. El padre fue cónsul en 340 a. de C. y se sacrificó voluntariamente luchando contra los enemigos de Roma, como haría el hijo en 295 a. de C.

79. Marco Aurelio Régulo (cónsul en 267 y 256 a. de C.), fue capturado por los cartagineses. Estos lo enviaron a Roma como negociador después de que él les prometiera que volvería para ser torturado hasta la muerte.

80. Publio Cornelio Escipión y Cneo Cornelio Escipión Calvo.

81. Lucio Emilio Paulo y quizás hasta cincuenta mil soldados romanos perecieron en la desastrosa derrota de Cannas en 216 a. de C. después de ser cercados por Aníbal.

82. Marco Claudio Marcelo, reputado general y cónsul en cinco ocasiones, murió en batalla contra Aníbal, que, según cuenta la leyenda, le dio un funeral de honor y envió sus cenizas a su hijo en Roma.

83. Pitágoras emigró de Samos, Grecia, a Crotona, sur de Italia.

84. *Fedón*, 72-73.

85. *Cyropaedia*, 8.7.

86. En la mitología griega, Medea proclamó que le devolvería la vida a Pelias despedazándolo e hirviéndolo en un caldero.

LECTURAS COMPLEMENTARIAS

Cicerón, Marco Tulio, *Cato Maior de Senectute*, introducción y comentario de J. G. F. Powell, Cambridge University Press, Cambridge, 2004.

—, *El arte de cultivar la verdadera amistad. Un manual de sabiduría clásica sobre las amistades profundas y auténticas*, Kōan Libros, Barcelona, 2020.

Everitt, Anthony, *Cicerón*, Edhasa, Barcelona, 2007.

Gruen, Erich, *The Last Generation of the Roman Republic*, University of California Press, Berkeley, 1995.

Parkin, Tim G., *Old Age in the Roman World: A Cultural and Social History*, Johns Hopkins University Press, Baltimore, 2004.

Rawson, Elizabeth, *Cicero: A Portrait*, Bristol Classical Press, Londres, 1983.

Richard, Carl J., *The Founders and the Classics: Greece, Rome, and the American Enlightenment*, Harvard University Press, Cambridge, Massachusetts, 1994.

Scullard, H. H., *From the Gracchi to Nero: A History of Rome from 133 BC to AD 68*, Routledge, Nueva York, 1982.

Syme, Ronald, *La revolución romana*, Crítica, Madrid, 2007.

31901066162571